AF371024

MOIROUD ET COMPAGNIE,

COMÉDIE-VAUDEVILLE EN UN ACTE,

PAR

MM. BAYARD ET DEVORME;

Représentée pour la première fois, à Paris, sur le théâtre du Gymnase Dramatique, le 4 mai 1836.

DISTRIBUTION DE LA PIÈCE :

M. BLANCHET............................... M. NUMA.

Mme BLANCHET, sa femme en secondes noces. ... Mme JULIENNE.

M. BONIN....................................... M. FERVILLE.

VICTOR... M. RHOZEVIL.

JULIETTE....................................... Mlle MÉLANIE.

La scène se passe à Paris, chez M. Blanchet.

Le théâtre représente un petit salon. — Entrée au fond. — Portes latérales aux deux angles du salon. — A droite de l'acteur, sur le devant, une table, et tout ce qui est nécessaire pour écrire.

SCÈNE I.

M. BLANCHET, Mme BLANCHET *.

(Au lever du rideau, ils sont assis à une petite table à déjeuner, à gauche du théâtre.)

M. BLANCHET, après un silence pendant lequel il l'a observée.

Aménaïde, veux-tu du beurre?

MADAME BLANCHET.

Merci, je n'ai plus faim.

(Nouveau silence.)

M. BLANCHET.

Aménaïde, veux-tu du thé et un peu de crème?

MADAME BLANCHET.

Je n'en veux plus... Vous m'avez ôté l'appétit.

M. BLANCHET.

Cependant, ma bonne, il faut déjeuner.

MADAME BLANCHET.

Eh!... puis-je prendre quelque chose lorsque vous me faites des révolutions comme celle-là?

M. BLANCHET.

Je te demande pardon, Aménaïde... là! je te demande pardon, es-tu contente?

MADAME BLANCHET.

Contente!... et comment voulez-vous que je le sois?... Vous êtes toujours à me tourmenter,

*Les acteurs sont placés en tête de chaque scène comme ils doivent l'être au théâtre : le premier inscrit tient toujours la gauche du spectateur, et ainsi de suite. — Les changements de position dans le courant des scènes sont indiqués par des notes au bas des pages.

à m'agacer les nerfs... Ah! ce n'est pas ainsi que mon premier mari se conduisait avec moi.

M. BLANCHET, à part.

Allons, nous y voilà!... encore l'éloge de l'autre!...

AIR du vaudeville de l'Apothicaire.

Vingt fois par jour, c'est amusant!...
Prenez donc pour femme une veuve,
Pour qu'à l'autre, en vous comparant,
Sans cesse on vous mette à l'épreuve!
Cette comparaison, déja,
Sur plus d'un point me fut contraire...
Car le mari qui n'est plus là
Est toujours celui qu'on préfère.

MADAME BLANCHET.

Hein?... vous dites?...

M. BLANCHET.

Rien!... je n'ai rien dit, Aménaïde.

MADAME BLANCHET.

Certainement, monsieur, ce n'est pas ainsi que se conduisait avec moi M. Bonin : entre nous jamais de dispute, de discussion. J'étais reine dans mon ménage; il ne se mêlait de rien ; il suffisait qu'une chose me fit plaisir...

M. BLANCHET.

Permets, permets, ma chère petite... Tu me parles toujours de M. Bonin, de ton premier mari, il n'y a pas de mal, c'est pour faire son éloge... je ne m'en plains pas... c'est d'un bon cœur... Mais enfin, mon adorée, tu conviendras que vous n'avez pas toujours vécu comme deux tourtereaux.

MADAME BLANCHET.

Oh!... c'est à cause de notre divorce que vous dites cela!... Il est vrai que c'était un fou, un joueur, un libertin ; mais, du reste, il n'y avait rien à lui reprocher. Un caractère enjoué, un cœur facile et complaisant... J'ai obtenu divorce contre ses défauts, mais j'ai donné des regrets à ses qualités. Il est malheureux qu'un homme, fait comme lui pour être l'ornement de la société, ait été forcé par ses dettes et ses folies d'aller mourir en Amérique.

M. BLANCHET.

Et il a bien fait : ce serait gentil d'avoir là en perspective...

MADAME BLANCHET, soupirant.

Ah!... il avait du bon ; au lieu que vous...

M. BLANCHET, lui offrant le sucrier.

Mets donc un peu de sucre dans ton lait.

MADAME BLANCHET.

Vous êtes un méchant!... vous me faites du chagrin...

M. BLANCHET.

Moi! ô Dieu!... peut-on dire?... je fais tout ce que tu veux... Ce matin encore, tu exiges que j'éloigne ma nièce : je t'ai fait une observation ; tu as crié, je n'ai plus rien dit, et tu te plains !...

MADAME BLANCHET.

Parceque vos observations sont absurdes, inconvenantes et ridicules.

M. BLANCHET.

Rien que ça.

MADAME BLANCHET, se levant.

Juliette retournera à Saint-Denis aujourd'hui... je le désire... je le veux...

M. BLANCHET, se levant.

Puisque je la conduirai moi-même... Seulement... je dis qu'à son âge, elle pouvait quitter son pensionnat *.

MADAME BLANCHET.

Pour venir ici, n'est-ce pas... dans cette maison, où nous sommes déjà si à l'étroit ?

M. BLANCHET.

C'est vrai... c'est vrai!... Mais..

MADAME BLANCHET.

Une jeune fille à surveiller !...

M. BLANCHET.

C'est juste.

AIR : Adieu, je vous fuis, bois charmants.

Mais ma nièce, faire un faux pas !

MADAME BLANCHET.

Mon Dieu !... mon fils comme elle est sage ;
Ils sont charmants tous deux !... hélas !
Le cœur est si faible à leur âge !...
C'est un danger que j'ai connu !...
Il faut... la charité l'ordonne...
Compter toujours sur la vertu...
Mais il ne faut tenter personne !
On doit compter sur la vertu ;
Mais il ne faut tenter personne.

_____

* M. Blanchet, madame Blanchet.

M. BLANCHET.

Je m'en rapporte à toi.

MADAME BLANCHET.

Et Victor, une tête de feu, qui s'avise de se prendre d'une belle passion !...

M. BLANCHET.

Oh!... oh!... quand cela serait...

MADAME BLANCHET.

Comment !... mais ce que vous dites là, monsieur Blanchet, est d'une indécence !...

M. BLANCHET.

Tu trouves? c'est possible... Mais moi, je pensais que, dans ce cas, un bon mariage...

MADAME BLANCHET.

Un mariage pareil pour mon fils !...

M. BLANCHET.

Je l'aime comme s'il était le mien, et plutôt que de le chagriner...

MADAME BLANCHET.

Toujours le même !... Vous le perdez... vous me le gâterez tout-à-fait... Grace à votre faiblesse, il mène la vie la plus dissipée ; et, pour couronner l'œuvre, vous favoriseriez un amour aussi... ridicule, pour une jeune fille qui n'a rien ! (Élevant la voix.) Mais, en vérité, monsieur Blanchet...

M. BLANCHET, reculant.

Tu as raison... c'est d'une bonne mère... tu as raison.

MADAME BLANCHET.

Heureusement, ce soir il ne la verra plus. Silence !... c'est lui... pas un mot.

_____

SCÈNE II.

LES MÊMES, VICTOR.

VICTOR, à madame Blanchet *.

Bonjour, ma mère.

MADAME BLANCHET, séchement.

Bonjour, monsieur.

VICTOR, à M. Blanchet.

Bonjour, mon père.

M. BLANCHET, affectueusement.

Bonjour, mon garçon, bonjour. Comment as-tu passé la nuit?

VICTOR.

Bien, mon père... très gaîment, du moins.

MADAME BLANCHET.

Plaît-il?

VICTOR.

Dame ! ma mère, il faut bien s'étourdir.

MADAME BLANCHET.

Mais, Dieu me pardonne, il est encore en toilette de bal !... il ne s'est pas couché.

M. BLANCHET.

Ah ! bah !.. si fait...

VICTOR.

Non... j'ai passé la nuit au bal... chez le père

_____

* M. Blanchet, Victor, madame Blanchet.

d'un de mes amis que je vous ai présenté...
Armand Flavigny... vous savez ; et vers le matin,
quand tout le monde s'est retiré, nous nous
sommes étendus, Armand et moi, près d'un bon
feu, dans deux larges fauteuils, où nous avons
dormi.

M. BLANCHET.

Comme on dort à vingt ans.

(Victor va poser son chapeau sur la table.)

MADAME BLANCHET.

Oui, un joli train de vie ! je vous conseille
de l'approuver !... Au reste, cela ne m'étonnerait
pas ; vous êtes vous-même si léger, si étourdi !...

M. BLANCHET.

Moi ! si l'on peut me reprocher...!

MADAME BLANCHET, à Victor.

Et tu oses m'avouer cela sans rougir !... Une
nuit passée au bal, au jeu peut-être ?

VICTOR.

Oui, ma mère ; j'ai dansé, j'ai joué, j'ai
perdu.

M. BLANCHET, à mi-voix.

Tais-toi donc ; est-ce qu'on dit ces choses-là ?

MADAME BLANCHET.

Vous avez perdu !... avec des écervelés... des
fous...

VICTOR.

Non, ma mère, non... des gens très distin-
gués, des avocats célèbres, un magistrat et un
député. Je me suis jeté à leur partie... de rage,
de désespoir ; et, après avoir vidé ma bourse,
j'ai perdu cent écus sur parole.

M. BLANCHET.

Miséricorde !

Il remonte le théâtre, et va ranger quelques chaises et
la petite table sur laquelle ils ont déjeuné.)

MADAME BLANCHET.

Mais c'est affreux, ça, monsieur... c'est d'un
mauvais sujet...

VICTOR.

Je vous l'ai dit, ma mère, puisque vous voulez me rendre malheureux, puisque vous me défendez de voir Juliette, de l'aimer... eh bien ! je ne
réponds plus de moi ; j'irai dans le monde, je
jouerai, je danserai, je me jetterai dans tous
les plaisirs... et c'est vous, ma mère, c'est vous
qui aurez fait mon malheur !...

M. BLANCHET, s'essuyant les yeux.

Pauvre garçon !

MADAME BLANCHET.

Taisez-vous, petit sot !... puisque vous le
prenez ainsi, je vous déclare, moi, que je
serai inexorable pour vous....

VICTOR.

Mon Dieu !... vous l'êtes déjà...

M. BLANCHET revient auprès de Victor,
et lui dit tout bas :

Tais-toi... nous arrangerons ça [*]...

* Victor, M. Blanchet, madame Blanchet

MADAME BLANCHET.

Hein ?...

M. BLANCHET.

Je dis que c'est très mal, une conduite pa-
reille...

MADAME BLANCHET.

C'est heureux ! et, quant à vos dettes, vous les
paierez, monsieur, sur vos honoraires d'avocat.

VICTOR.

Oui, moi qui plaide aux assises d'office et
gratis... *pro Deo !*

M. BLANCHET, bas à Victor.

Tais-toi donc...

MADAME BLANCHET.

Quant à vous, monsieur Blanchet... si vous
aviez la faiblesse...

M. BLANCHET.

Air : J'en guette un petit de mon âge.

Qui moi !... lui payer ses folies !

MADAME BLANCHET.

Ne donnez rien...

M. BLANCHET.

Pas un écu...

(Bas à Victor.)

Compte sur mes économies...

MADAME BLANCHET.

Et, quant à Juliette, entends-tu ?
Je te défends de lui rien dire,
De la voir !...

VICTOR.

Mais c'est m'accabler !...

MADAME BLANCHET, parlant.

Mais dites-lui donc quelque chose.

M. BLANCHET, sévèrement à Victor.

Je vous défends de vous parler...

(Bas, avec bonté.)

Je vous permets de vous écrire.

(Il s'éloigne vivement de Victor.)

MADAME BLANCHET.

Au surplus, pour le temps que vous avez à la
voir encore...

VICTOR.

Plaît-il ?...

M. BLANCHET.

Je vais la reconduire à Saint-Denis...

VICTOR.

Juliette ?...

MADAME BLANCHET.

Oui, monsieur ; elle est prévenue, et je vais
tout préparer pour son départ !

VICTOR.

Ah ! ma mère... c'est affreux, ce que vous faites là !... nous séparer !... Ma mère ! ma mère !...
vous ne savez pas de quoi je suis capable !...

MADAME BLANCHET.

Vous êtes un fou, un enfant...

VICTOR, à Blanchet, qui s'essuie les yeux, à part.

Mais vous, beau-père !... vous ne dites rien ?
c'est votre nièce, et vous la sacrifiez ?...

M. BLANCHET, cachant son mouchoir.

Moi !... je ne sacrifie pas... je ne permets...

MADAME BLANCHET.

Qu'est-ce que c'est ?...

M. BLANCHET, sévèrement.

Mais votre mère a raison... que diable !...

SCÈNE III.

Les Mêmes, JULIETTE.

JULIETTE *.

Mon oncle?... mon oncle?... (A part, avec émotion.) Victor !

VICTOR.

Ah !... c'est elle !...

MADAME BLANCHET, à Victor.

Taisez-vous !

M. BLANCHET.

Que me veux-tu, mon enfant?

JULIETTE.

Mon oncle, il y a là un monsieur qui demande à vous parler...

M. BLANCHET.

Son nom ?..

JULIETTE.

Je le lui ai demandé, il m'a répondu : Moiroud et compagnie, de Marseille.

M. BLANCHET, à madame Blanchet.

Moiroud ! ah ! une ancienne connaissance ; c'est pour cette traite de commerce, tu sais... (A Juliette...) Dis qu'on le fasse entrer.

JULIETTE.

Oui, mon oncle.

MADAME BLANCHET.

Et ensuite, mademoiselle, vous viendrez me rejoindre, nous avons quelques préparatifs à faire pour votre départ...

JULIETTE.

Oui, ma tante...

VICTOR.

Son départ ! mais...

MADAME BLANCHET, à Victor.

Silence !... suivez-moi... (A son mari.) Et vous, débarrassez-vous de cette personne...

VICTOR.

Air du Galop de la Tentation **.

Eh ! mais, c'est de la tyrannie.

MADAME BLANCHET.

Hâtez-vous, les moments sont courts.

VICTOR, à Juliette.

Ah ! ne crois pas que je t'oublie.

JULIETTE.

Et moi, je t'aimerai toujours.

MADAME BLANCHET.

Rentrez tous deux...

* Victor, Juliette, M. Blanchet, madame Blanchet.

** Victor, madame Blanchet, Juliette, M. Blanchet.

M. BLANCHET.

Quel rigorisme !

(A part.)

O vous qui, je ne sais pourquoi ..
Regrettez tant le despotisme,
Venez le retrouver chez moi...

ENSEMBLE.

M. BLANCHET.

Soyez tranquille, chère amie,
Je sais que les moment sont courts !...
Pauvres enfants !... lorsqu'elle crie,
Il faut bien lui céder toujours !...

JULIETTE et VICTOR.

Adieu, Victor,   } la tyrannie
Juliette, adieu,   }
Ne pourra rien sur nos amours.
Ah ! ne crains pas que je t'oublie,
Mon cœur est à toi pour toujours !

MADAME BLANCHET.

Venez me trouver, je vous prie...
Hâtez-vous, les moments sont courts ;
Il faudra bien qu'elle l'oublie,
Et qu'il m'obéisse toujours.

(Juliette sort par le fond, madame Blanchet et Victor par la porte latérale à droite.)

M. BLANCHET, les regardant sortir.

Pauvres enfants !... leur chagrin me déchire le cœur ; mais madame Blanchet le veut, il n'y a plus rien à dire...

SCÈNE IV.

BONIN, M. BLANCHET.

BONIN, à la cantonade.

Merci, mademoiselle... merci... (Entrant.) Elle est charmante, cette jeune fille...

M. BLANCHET, se retournant.

Ah! c'est ce cher... (S'arrétant.) Monsieur... on m'avait annoncé...

BONIN.

Moiroud et compagnie, de Marseille ; c'est la raison sociale, la signature de la maison...

M. BLANCHET.

Le nom que vous prenez...

BONIN.

Vous sera plus agréable que le mien qui ne dirait rien à votre cœur. Je savais qu'au nom de Moiroud, votre porte et votre bourse me seraient ouvertes...

M. BLANCHET.

Comment donc ! mais à vous-même, monsieur, car j'ai des fonds à votre disposition...

BONIN.

J'ai le temps de les toucher... vous m'en donnerez une partie, j'en ai besoin ; j'allais au Trésor.

M. BLANCHET.

Tout de suite... heureux d'avoir pu vous être utile...

BONIN.

Mon ami Moiroud avait raison quand il vantait votre aménité, votre hospitalité...

M. BLANCHET.

Monsieur! je suis enchanté qu'il m'ait adressé un de ses amis...

BONIN.

Son associé, Moiroud et compagnie...

M. BLANCHET.

Et si je puis vous rendre quelque service dans notre ville...

BONIN.

Beaucoup, beaucoup; j'aurai recours à vous sans façon... je viendrai vous voir, parceque entre garçons on peut se mettre à son aise...

M. BLANCHET.

Entre garçons?...

BONIN.

Je sais que vous l'êtes, et c'est bien fait à vous... La vie de garçon!... ah!... Dieu!... quelle jouissance!... toujours libre, heureux, tranquille... sans criaillerie, sans...

M. BLANCHET.

Je suis marié...

BONIN.

Ah! bah!... c'est un fort bel état que le mariage! Une femme... ah! Dieu! une femme!... il ne s'agit que de bien choisir... et d'avoir la main heureuse...

M. BLANCHET.

Comme vous dites... d'avoir la main heureuse...

BONIN.

Pardon, si j'ai été indiscret... mais Moiroud m'avait assuré que vous étiez célibataire, et que jamais...

M. BLANCHET.

Oui, oui... A son dernier voyage à Paris, il y a six ans, je disais encore: Jamais de chaînes! jamais de femme! jamais!... mais, que voulez-vous, il y a des circonstances...

BONIN.

Oui, je sais; une étoile, je connais ça... Vous avez trouvé une femme...

M. BLANCHET.

Excellente... d'une douceur! d'une bonté! qui me promettait des soins si doux!... une tendresse si paisible!...

BONIN.

Et, sans doute, elle vous a tenu tout cela?...

M. BLANCHET.

Eh!... eh!... oui... oui...

BONIN.

Eh! eh!... c'est-à-dire...

M. BLANCHET.

Si fait, si fait... beaucoup de qualités... bonne mère, bonne femme, amie sûre... mais les habitudes d'un premier mariage...

BONIN.

Madame était veuve?...

M. BLANCHET.

Veuve... oui, heureusement! Une femme a ses petits moments d'impatience... Elle crie bien un peu...

BONIN.

A qui le dites-vous! la mienne, donc...

M. BLANCHET.

Comment!... monsieur n'est pas garçon?...

BONIN.

Oh!... garçon tout-à-fait... Ça m'a coûté un peu cher... les frais de divorce, c'était hors de prix...

M. BLANCHET.

C'était le bon temps... (se reprenant.) je veux dire que, lorsqu'on ne pouvait pas se souffrir...

BONIN.

Oui, c'était commode et agréable... On nous a gâté le code civil... Ma foi, j'en ai usé, et je m'en trouve bien! Non pas que j'eusse à me plaindre... O ciel! ma femme... une vertu... mais la vertu est un peu criarde... Ma femme me faisait... expier mon bonheur... Un vacarme d'enfer... Mais, Dieu merci, je savais le moyen de lui faire baisser le ton...

M. BLANCHET.

En vérité!... (Il passe à droite, et il court lui présenter une chaise.) Donnez-vous donc la peine de vous asseoir, je vous prie*.

BONIN.

Et puis, tel que vous me voyez... quand je m'ennuyais chez moi, j'allais prendre l'air dans quelque maison plus amusante que la mienne...

M. BLANCHET.

Ah!... ah!... gaillard!...

BONIN.

Mais, oui... j'aimais un peu la bonne chère, le jeu et les femmes... La mienne s'en formalisait, nous avions des scènes. (Faisant la voix de femme.) « Monsieur, c'est infâme! » Et, moi, je chantais quelque chose... les chansons à la mode...

(Il chante.)

   « Femmes, voulez-vous éprouver, etc. »

(Voix de femme.)

« Monsieur, vous êtes un traître!... »

(Chantant.)

   « Partant pour la Syrie... »

(Voix de femme.)

« Monsieur, je prendrai un parti violent!... »

(Chantant.)

   « Il faut des époux assortis... »

Ma foi... un jour elle se fâcha tout de bon... elle avait découvert une correspondance avec une petite danseuse de Toulouse... Nous habitions Toulouse... Une sylphide, qui avait la plus drôle d'orthographe... Les lettres les plus cocasses... C'était une sottise de ma part... Si

---

* M. Blanchet, Bonin.

jamais vous avez une maîtresse, n'écrivez pas, c'est le premier de tous les principes.

M. BLANCHET, le regardant d'un air stupéfait.

Ah!... merci du conseil...

BONIN.

Bref!... l'explication fut chaude; je voulus chanter... Pan!... je reçus un soufflet... Elle était d'une vivacité charmante... Il y avait là deux témoins... un commis, une femme de chambre... Ils soutinrent en justice que j'avais frappé ma femme. Je laissai dire, elle réussit... avec ça que nous avions pour avocats des hommes très habiles, très irritants, qui auraient fait divorcer Philémon et Baucis; cette affaire-là leur fit beaucoup d'honneur au barreau... Mon divorce fut prononcé publiquement, et je me trouvai garçon, comme vous me voyez encore, et comme je croyais vous trouver vous-même... Mais, puisque vous êtes en ménage, je craindrais d'être importun...

M. BLANCHET.

Comment donc!... mais, au contraire : et dès aujourd'hui je vous retiens à dîner...

BONIN.

Mille remerciments...

M. BLANCHET.

Je vous présenterai à ma femme...

BONIN.

Je serais enchanté... mais aujourd'hui cela m'est impossible... une autre fois...

M. BLANCHET.

A la bonne heure!... Vous verrez mon fils... un bon jeune homme...

BONIN.

Ah!... vous êtes père?...

M. BLANCHET.

Non!... non!.. c'est l'ancien...

BONIN.

Ah! bah!... un beau-fils!...

SCÈNE V.

Les Mêmes, Mme BLANCHET.

MADAME BLANCHET, criant de la coulisse.

M. Blanchet?... M. Blanchet?...

BONIN.

On vous appelle...

M. BLANCHET.

Restez, c'est ma femme...

BONIN.

Ah!...

MADAME BLANCHET, entrant avec colère par la porte de l'angle, à droite.

Mais, monsieur Blanchet*...

M. BLANCHET.

Pardon, bonne amie... j'étais avec monsieur...

* Madame Blanchet. M. Blanchet. Bonin

MADAME BLANCHET.

Ah!... puisque vous êtes en affaires... Mais nous attendons...

M. BLANCHET.

C'est l'associé de mon ami Moiroud que je te présente...

BONIN, passant à elle.

Moiroud et compagnie, de Marseille!... Enchanté, madame...

MADAME BLANCHET, jetant les yeux sur Bonin.

Hein?...

BONIN.

Ah! bah!...

MADAME BLANCHET.

Monsieur!...

BONIN, à part, reculant d'un pas.

Ma femme!...

M. BLANCHET.

Qu'est-ce que c'est?...

MADAME BLANCHET.

Rien!... rien!... (A part.) Je ne me soutiens plus...

BONIN.

Un peu de surprise... dame!... (A part.) On en aurait à moins...

M. BLANCHET.

Est-ce que tu connais monsieur, Aménaïde?...

MADAME BLANCHET.

Monsieur?... mais, en effet... je crois me rappeler...

BONIN.

Oui... oui... un peu... j'ai eu l'honneur de voir madame... autrefois... du temps de son premier... L'autre...

MADAME BLANCHET.

Monsieur Bonin.

BONIN.

Mon ami intime!... un très galant homme.

M. BLANCHET, sèchement.

C'est possible! mais vous pouvez vous dispenser de faire son éloge... ma femme s'en acquitte assez bien.

(Il passe à gauche.)

MADAME BLANCHET.

Monsieur Blanchet!...

BONIN passe au milieu*.

Bah!... bah!... madame chante ses louanges?...

MADAME BLANCHET.

C'est-à-dire... un despote... un fou!...

BONIN.

Un monstre...

MADAME BLANCHET.

Dont la présence a toujours été un supplice pour moi...

M. BLANCHET.

A la bonne heure, donc! c'est la première fois que tu en dis du mal...

* Madame Blanchet. Bonin. M. Blanchet

BONIN.

Oh!... je comprends... pour vous faire plaisir... et à moi aussi.

M. BLANCHET.

Cela m'est bien égal... un homme qui est mort...

BONIN.

Bah!... bah!... bah!... il est mort?...

MADAME BLANCHET.

Quel supplice!...

M. BLANCHET.

Certainement!... en Amérique... avant notre mariage... sans cela... parceque vous concevez... (Bas.) Je ne suis pas scrupuleux, mais on ne se soucie pas d'être exposé à rencontrer...

BONIN, bas.

Le numéro 1... c'est juste!... (A part.) Elle m'a tué.

MADAME BLANCHET.

Mon Dieu!... monsieur Blanchet... tu retiens monsieur... qui est peut-être pressé...

BONIN.

Moi, madame!... je vous assure, au contraire.. (A part.) C'est drôle de se trouver en tiers dans le ménage de sa femme.

(Madame Blanchet fait des signes à son mari pour l'engager à laisser partir Bonin.)

M. BLANCHET.

Tu as raison, chère amie, monsieur allait au Trésor...

MADAME BLANCHET.

Tu vois bien... Monsieur, j'ai bien l'honneur!...

BONIN.

Madame, vous êtes trop bonne...

M. BLANCHET.

Attends donc... et cet argent que j'ai là à échanger contre votre signature... Un moment, et je suis à vous.

BONIN.

Air : Je regardais Madelinette.

Prenez votre temps, je vous prie.

M. BLANCHET.

Pardon!.. ma femme, pour l'instant,
Pourra vous tenir compagnie.

MADAME BLANCHET, à part.

Moi!... Dieu!... qu'il est inconséquent!
Ah! quelle rencontre cruelle!

BONIN, à part.

Nous voilà tous trois réunis...
D'honneur, il me semble qu'en elle...
Je vois la Femme à deux Maris.

ENSEMBLE.

BONIN.

Prenez votre temps, je vous prie;
Puisque madame, en restant là,
Peut bien me tenir compagnie,
J'attendrai ce qu'il vous plaira !

M. BLANCHET.

Attendez un peu, je vous prie...
Pardon!... mais ma femme pourra...
Vous tenir ici compagnie;
Je reviens... j'ai votre argent là...

MADAME BLANCHET.

Dépêchez-vous donc... je vous prie,
Vous savez qu'on vous attend là...
Je veux toujours être obéie...
Et Juliette partira...

(Blanchet sort par la porte latérale à gauche.)

SCÈNE VI.

Mme BLANCHET, BONIN.

BONIN, à part.

Allons... me voilà en tête-à-tête avec ma femme, qui n'est plus ma femme.

MADAME BLANCHET, le regardant.

Il a toujours l'air d'un mauvais sujet.

BONIN, de même.

Elle a pris un embonpoint tout-à-fait confortable!... Quand je pense qu'il y a vingt ans elle tenait dans mes dix doigts.

MADAME BLANCHET.

Oh! je ne resterai pas.

(Elle fait un mouvement pour sortir.)

BONIN, allant à elle.

Madame, madame... vous me fuyez?

MADAME BLANCHET.

Monsieur, je n'ai pas besoin de vous faire remarquer l'inconvenance d'une entrevue...

BONIN.

Que je n'ai pas cherchée, le diable m'emporte!... mais enfin me voilà! je conçois votre surprise.

MADAME BLANCHET.

De la surprise!... c'est de la colère... de l'indignation... Venir ici... chez moi! un homme que je croyais mort depuis si long-temps.

BONIN.

Pardon, si je reviens...

MADAME BLANCHET.

C'est scandaleux!... c'est infâme!...

BONIN.

Permettez...

MADAME BLANCHET.

C'est horrible !...

BONIN.

Allons! vous me croyez encore votre mari... vous criez, criez!...

MADAME BLANCHET, pleurant.

Ah! mon Dieu! peut-on être plus malheureuse!...

BONIN.

Du calme... laissez-moi croire que vous ne voyez plus en moi qu'un ancien amant!... un ancien ami!...

MADAME BLANCHET.

Ah! Bonin! (A part.) Il est bien vieilli!

BONIN, à part.

Elle a une patte d'oie très prononcée...

MADAME BLANCHET.

Vous ne ferez pas durer mon supplice plus long-temps.

BONIN.

De grace, chère amie!... (Mouvement de la dame.) Ah! ne faites pas attention, reste d'une ancienne et bien douce habitude...

MADAME BLANCHET, baissant les yeux.

Monsieur...

BONIN.

Madame... car c'est, je crois, le seul titre qu'il convienne de vous donner; j'étais loin de prévoir le... comment dirai-je?... le plaisir qui m'attendoit ici... car autrement jamais je n'y eusse mis les pieds... j'avoue qu'il y a des convenances...

MADAME BLANCHET.

C'est un peu tard.

BONIN.

Aussi vous pouvez compter sur mes égards... sur mon respect...

MADAME BLANCHET.

J'aime à le croire...

BONIN.

Je conçois que ma conduite vous paraisse au moins singulière... Depuis seize ans j'ai une femme quelque part, un fils je ne sais où; un fils que je retrouve enfin. Je ne vous donnais pas de mes nouvelles... ce n'est pas que je vous aie oubliée, madame... Ah! Dieu!... bien au contraire, la justice qui a mis un terme à ma félicité n'en a pas arraché le souvenir de ce cœur qui... que... enfin, depuis le soufflet qui nous a séparés, j'ai quitté la France; j'ai trouvé en Amérique des consolations, je veux dire la fortune, qui me fuyait dans mon pays... et aussitôt mon retour en France, il y a peu de temps, je cherchais votre nom, votre demeure à Toulouse: on me renvoyait à Lyon, à Paris, que sais-je!.. impossible de vous retrouver... J'ignorais que madame Bonin fût devenue madame Blanchet... il a fallu qu'un hasard inespéré me révélât ce mariage dont je vous félicite... Monsieur Blanchet m'a l'air d'un fort honnête homme?

MADAME BLANCHET, sèchement.

Oui, monsieur...

BONIN.

D'un bon mari?...

MADAME BLANCHET, sèchement.

Oui, monsieur...

BONIN.

Qui vous écoute avec déférence?...

MADAME BLANCHET.

Oui, monsieur...

BONIN.

Que vous aimez?...

MADAME BLANCHET.

Oui, monsieur...

BONIN.

Que vous menez?...

MADAME BLANCHET.

Oui, monsieur... (voulant se reprendre.), c'est-à-dire...

BONIN, l'interrompant.

AIR de Turenne.

C'est bien... vous calmez mes alarmes...
Et vous me voyez enchanté...
Que le ciel accorde à vos charmes
Un bonheur si bien mérité... (bis.)
De loin, je souhaitais le vôtre;
Mais je suis quelque peu jaloux
D'avoir fait tant de vœux pour vous,
Pour être exaucé par un autre.

(A part.) Ma foi si elle n'est pas contente...

MADAME BLANCHET.

Eh bien! monsieur... s'il en est ainsi... ne prolongez pas votre séjour dans une maison où vous n'auriez jamais dû entrer. Sortez, monsieur, sortez!... ne me mettez pas dans une position fausse avec... mon mari. S'il savait que vous existez encore...

BONIN.

C'est juste... je suis mort pour lui!...

MADAME BLANCHET.

Sans cela... il n'aurait jamais consenti... Quel chagrin pour lui, quel scandale pour tous, s'il vous voyait chez moi!..

BONIN, gaîment.

Ah!.. diable!.. j'aurais l'air d'être en bonne fortune!

MADAME BLANCHET.

Vous dites...

BONIN.

Soyez tranquille, chère am... (se reprenant gravement.) madame, je vais partir...

MADAME BLANCHET.

Ah... enfin!..

BONIN.

Quand j'aurai vu mon fils...

MADAME BLANCHET.

O ciel!.. c'est impossible!..

BONIN.

En ce cas, je reste!..

MADAME BLANCHET.

Vous oseriez...?

BONIN.

Je me nomme...

MADAME BLANCHET.

Ah!.. vous êtes toujours un homme affreux.

BONIN.

Et vous, toujours une femme bien aimable!.. Écoutez-moi... J'ai cédé aux instances de nos amis, aux vôtres... quand je pouvais le réclamer... je vous ai laissé ce gage de notre amour... éteint; mais, non pas pour ne plus le revoir. J'ai mon titre... mes droits... et, puis-

que je le retrouve après quinze ans... peut-être
ne porte-t-il plus mon nom ?..

MADAME BLANCHET.

Victor Blanchet...

BONIN.

Et pourtant c'est mon fils... (Mouvement.)
Ah !.. c'est le mien, Aménaïde...

MADAME BLANCHET.

Eh ! vous me compromettez en vous nom-
mant...

BONIN.

Non, non... ici je ne serai toujours pour
lui que Moiroud et compagnie ; je vous le
jure...

MADAME BLANCHET.

Et vous partirez quand vous l'aurez revu ?...

BONIN.

A condition que vous me l'enverrez quelques
jours à Marseille...

MADAME BLANCHET.

Je ne puis rien refuser à cet égard... mais
ici... Ah !.. Victor...

BONIN.

Bah !...

SCÈNE VII.

LES MÊMES, VICTOR.

VICTOR, entrant vivement *.

Ah ! mon père !.. mon père... (S'arrêtant.)
Pardon... je croyais que mon père était ici...

BONIN.

Eh ! mais... il me semble...

MADAME BLANCHET, vivement

Monsieur...

BONIN.

Ah !.. oui... j'oubliais...

VICTOR, saluant.

Monsieur, je ne savais pas...

BONIN.

Il n'y a pas de mal... (A part.) Ce joli garçon-
là... c'est mon fils, mon fils ! Ah !... ça me fait
battre le cœur...

MADAME BLANCHET.

Monsieur est un ancien ami de la famille...

BONIN.

Oui... de votre père...

VICTOR.

Ah ! de monsieur Blanchet...

BONIN.

Permettez. (Madame Blanchet se rapproche de lui,
à mi-voix.) Ah ! dame !... écoutez donc... monsieur
Blanchet, son père... si vous croyez que c'est
agréable à entendre...

VICTOR.

Mais je me retire... j'ai à parler..

* Victor, madame Blanchet, Bonin.

MOIROUD

BONIN, vivement, et passant entre Victor et madame
Blanchet *.

Du tout... du tout, jeune homme !... que diable !... je ne laisse pas aller mes amis si vite.

VICTOR.

Ah !... (A part.) Il a l'air tout-à-fait original,
ce monsieur.

MADAME BLANCHET.

Mon fils est occupé en effet... un avocat...

BONIN.

Avocat !... c'est une belle profession.

MADAME BLANCHET, bas à Bonin.

Ah ! une reconnaissance...

BONIN, bas à madame Blanchet.

Soyez donc tranquille... (Haut à Victor.) Je
prends bien part à vos succès... à votre bonheur, assurément... aussi je voudrais pouvoir
vous donner des preuves de l'intérêt... (Bas à
madame Blanchet.) C'est qu'on dirait qu'il me
ressemble... de profil...

MADAME BLANCHET, bas.

Pas le moins du monde...

VICTOR.

Monsieur... je suis d'autant plus sensible...
que je n'ai aucun titre.

BONIN, vivement.

Comment !... aucun titre ?... n'êtes-vous pas
mon... (mouvement de madame Blanchet, il se re-
prend.) mon ami... puisque vous êtes le fils de
ce cher Bonin que j'aimais tant ! (appuyant.)
Bonin, vous savez... votre père.....

VICTOR, froidement.

Je ne connais pas monsieur...

BONIN, stupéfait.

Comment !...

MADAME BLANCHET.

Victor était si jeune !...

BONIN.

Votre mère du moins vous a parlé...

VICTOR.

Ma mère m'a parlé de ses malheurs qu'il a
causés... de l'abandon où il m'a laissé.

BONIN.

Et vous ne l'aimez pas ?...

(Victor baisse les yeux ; Bonin se rapprochant de madame
Blanchet, et bas ; Victor remonte vers le fond et s'éloigne pendant ce couplet.)

AIR du vaudeville de la Robe et les Bottes.

Ah ! vous, moins méchante que folle,
De mon fils me faire haïr !
Briser l'espoir qui me console !...

MADAME BLANCHET, de même.

Je vous jure ..

BONIN.

C'est mal agir ..
Riant des travers de sa femme,
Un mari passe, en pareil cas,
Sur bien des torts ; mais il en est, madame,
Qu'un père ne pardonne pas.

* Victor, Bonin, madame Blanchet.

MADAME BLANCHET.

Ah ! monsieur.

VICTOR, revenant.

Qu'est-ce donc ?... qu'y a-t-il ?

MADAME BLANCHET.

Rien... rien !...

SCÈNE VIII.

LES MÊMES, M. BLANCHET.

(Bonin passe à gauche.)

M. BLANCHET [*].

Me voilà, me voilà, désespéré de vous avoir fait attendre... mais j'ai trouvé là, dans mon cabinet, un diable d'homme avec un mémoire... (bas à Victor.) ton tailleur.

MADAME BLANCHET.

Quel mémoire ?...

M. BLANCHET.

Oh !... une ancienne note acquittée... il se trompait...

VICTOR, bas.

Vous l'avez payé ?...

M. BLANCHET, de même.

Oui !... chut !...

(Victor lui presse vivement la main.)

BONIN, à part.

Ah !... il aime l'autre...

M. BLANCHET.

C'est ce qui m'a retenu, mon cher monsieur... (Cherchant.)

BONIN.

Monsieur ?... Moiroud et compagnie, de Marseille.

M. BLANCHET, allant à la table.

Mais j'ai là votre argent...

BONIN, allant aussi à la table.

Merci... je ne suis pas pressé... je vous reverrai souvent... je l'espère [**]...

MADAME BLANCHET, à part.

O ciel !...

BONIN, revenant auprès de Victor.

Vous... et mon jeune ami... que voilà...

VICTOR, à part.

Il y tient...

BONIN.

Eh !... j'ai réfléchi... tout-à-l'heure vous vouliez me retenir à dîner ?...

MADAME BLANCHET.

Vous avez refusé...

BONIN.

J'accepte...

M. BLANCHET.

Ah !... c'est aimable, n'est-ce pas, chère amie ?

MADAME BLANCHET.

Certainement... je ne dis pas... (Bas à Bonin.) Ah ! monsieur, y pensez-vous ?

[*] Victor, M. Blanchet, madame Blanchet, Bonin.
[**] M. Blanchet, Bonin, Victor, madame Blanchet.

BONIN, de même.

Dame !... c'est votre faute... il faut bien que je regagne le cœur de mon fils...

MADAME BLANCHET, bas.

Silence !...

M. BLANCHET, qui a mis de l'argent sur la table.

Si vous voulez compter...

SCÈNE IX.

LES MÊMES, JULIETTE.

VICTOR, qui était dans le fond, allant au-devant de Juliette, qui entre en pleurant.

Juliette !... qu'as-tu donc ?... des larmes !...

BONIN, qui s'est approché de Blanchet, voyant Juliette.

Ah !... la jolie personne !...

JULIETTE [*].

Mon oncle, je viens vous prévenir que tout est prêt... pour le départ... et que la voiture est arrivée...

M. BLANCHET.

C'est bien... petite...

VICTOR, venant vivement auprès de sa mère.

Comment !... c'est donc décidé ?... mes prières... mes larmes... rien n'a donc pu vous fléchir ?...

MADAME BLANCHET.

Il faut qu'elle parte...

VICTOR.

Ma mère !...

JULIETTE.

Ma tante !...

BONIN, qui compte l'argent, les regardant.

Hein ! qu'est-ce que c'est ?...

M. BLANCHET.

Ne faites pas attention...

MADAME BLANCHET, à Victor.

Votre intérêt et les convenances ne permettent pas qu'elle reste dans cette maison...

VICTOR.

Mais si je veux l'épouser ?...

JULIETTE.

Oui... s'il veut...?

MADAME BLANCHET.

Taisez-vous... et vous, monsieur Blanchet...

M. BLANCHET.

Je vais prendre ma canne et mon chapeau...

VICTOR.

Ma mère, ma mère ! je vous l'ai dit, vous me ferez faire quelque malheur... j'en mourrai...

BONIN, allant à Victor.

Comment ?... vous en mourrez, jeune homme, et de quoi donc [**] ?...

VICTOR, avec impatience.

Eh ! monsieur... (A part.) Cet homme a la

[*] Bonin, M. Blanchet, Juliette, Victor, madame Blanchet.
[**] M. Blanchet, Juliette, Bonin, madame Blanchet, Victor.

rage de se mêler de ce qui ne le regarde pas...

(Il passe à la gauche de madame Blanchet.)

MADAME BLANCHET.

Il s'agit d'une chose que j'ai décidée, et qui se fera. Je veux qu'on m'obéisse...

BONIN, à part.

Absolument comme de mon temps...

M. BLANCHET.

Mais on t'obéit, ma bonne... on t'obéit toujours...

BONIN, à part.

C'est mieux que de mon temps...

M. BLANCHET.

Et puisque tu exiges le départ de Juliette...

JULIETTE.

Je partirai, ma tante...

BONIN.

Ah!... ah!... il s'agit du départ de mademoiselle, que madame veut éloigner... et que Victor veut retenir...

VICTOR, à part.

Victor!... Il se met à son aise...

BONIN.

Et mademoiselle voudrait bien rester?... (A Blanchet.) Ils s'aiment... (Blanchet fait signe de la tête que oui.) Je comprends...

MADAME BLANCHET, s'impatientant.

C'est bien heureux!... monsieur Blanchet, vous êtes prêt à reconduire Juliette à Saint-Denis?...

BONIN, froidement.

A Saint-Denis?... permettez... cela ne se peut pas...

JULIETTE.

Comment?...

MADAME BLANCHET.

Vous dites?...

BONIN.

Je dis que cela ne se peut pas... M. Blanchet m'a invité... je reste... et il n'est pas convenable que mon Amphitrion soit à Saint-Denis, à l'heure où l'on dîne à Paris... au Marais...

M. BLANCHET.

C'est juste...

VICTOR, avec joie.

Il a raison...

JULIETTE.

Mon oncle ne peut partir...

MADAME BLANCHET.

Votre oncle... votre oncle...

BONIN.

A moins que monsieur ne veuille absolument me laisser dîner en tête-à-tête avec madame...

MADAME BLANCHET.

Monsieur!...

BONIN.

C'est un plaisir que je n'espérais pas, assurément... mais que j'accepte avec reconnaissance... Je suis trop galant, et madame trop aimable...

VICTOR.

Puisque monsieur dîne, c'est tout simple... M. Blanchet restera...

M. BLANCHET.

Oui... je resterai...

JULIETTE.

Nous resterons tous...

BONIN.

Restons tous...

MADAME BLANCHET.

C'est impossible, monsieur... Je conçois bien cette résistance... Il y a des gens qui n'ont jamais eu le sens commun...

M. BLANCHET.

C'est pour moi que tu dis ça, ma bonne?...

BONIN.

Oh! non, mon cher... (A part.) C'est pour moi...

MADAME BLANCHET.

Mademoiselle partira aujourd'hui, à l'instant même... Ce qui vient de se passer rend ce départ plus nécessaire encore.

VICTOR.

Ma mère!...

JULIETTE.

Et pourquoi?...

M. BLANCHET.

Il me semble que demain...

MADAME BLANCHET.

Je le veux...

BONIN, prenant M. Blanchet par le bras.

Moi, je garde mon Amphitrion, je me cramponne après lui*...

MADAME BLANCHET, avec une colère concentrée.

Qu'à cela ne tienne, monsieur... qu'il reste... c'est moi qui conduirai Juliette...

TOUS.

Ciel!...

MADAME BLANCHET.

Moi, qui n'aurai pas l'honneur de dîner avec vous... J'en suis désolée, assurément; mais on doit savoir ici que ce que je veux...

BONIN, à part.

Le diable le veut.

MADAME BLANCHET.

Je le veux bien... (A Juliette.) Attendez-moi ici, mademoiselle... (Juliette remonte vers le fond.) Quelques ordres à donner... et nous partons dans un instant... (Saluant Bonin.) Monsieur...

(Elle lui fait une profonde révérence et sort par le fond.)

SCÈNE X.

BONIN, M. BLANCHET, VICTOR, JULIETTE.

BONIN, à part.

Ah! elle se moque de moi.

VICTOR.

C'est fini, plus d'espoir!

(Il se jette dans un fauteuil, à gauche du théâtre.)

* M. Blanchet, Bonin, Juliette, madame Blanchet, Victor.

JULIETTE , allant auprès de lui *.

Ah! mon cousin, ne vous chagrinez pas ainsi.

M. BLANCHET , tirant son mouchoir.

Ces pauvres enfants !

BONIN.

Eh bien ! vous voilà tous à pleurer, vous autres !... Allons donc... du courage !...

VICTOR.

C'est bien facile à dire.

BONIN.

Il faut faire tête à l'orage , morbleu !... résister !...

JULIETTE.

Eh, le moyen !...

BONIN.

La forcer à lâcher prise...

M. BLANCHET.

Ma femme !...

VICTOR.

Et qui donc pourrait ?...

BONIN.

Eh! mais... monsieur Blanchet, par exemple...

M. BLANCHET , effrayé.

Moi !... ah ! bien oui !...

BONIN.

Et pourquoi pas !... je vous aiderai, et, à nous deux peut-être, nous en viendrons à bout.

M. BLANCHET.

Dame !... si vous étiez là...

VICTOR.

Comment, monsieur.... vous seriez assez bon ?...

BONIN.

Sans doute... entre amis, entre confrères, on se donne un coup de main. Vous êtes le maître, monsieur Blanchet... D'ailleurs mademoiselle est votre nièce ?

M. BLANCHET.

Certainement...

BONIN.

Victor l'aime ?...

VICTOR.

Je l'adore, monsieur ; et plutôt que de la perdre...

BONIN.

Bien !... bien !... mon jeune ami !... (A part.) Je me reconnais là... à son âge, quand j'adorais madame Blanchet... il y a long-temps... (Haut.) Ah çà... et mademoiselle Juliette ne hait pas monsieur Victor ?

JULIETTE.

Air de Mazaniello.

Je ne puis dire si je l'aime,
Car ce mot d'amour me fait peur,
Mais en ces lieux, à l'instant même.
Loin d'obéir, dans ma douleur
Je résistais au fond du cœur,
Quand ma tante, d'un ton sévère,

* M. Blanchet, Bonin. Juliette. Victor.

Me défendait de le chérir...
Mais je sens là qu'avec plaisir,
Si vous m'ordonnez le contraire,
Je suis prête à vous obéir.

BONIN.

Très bien... très bien... (A part.) Charmante, cette petite bru-là... (Haut.) Et pourquoi ne veut-on pas les marier ?... Ce n'est pas vous qui refusez ?...

M. BLANCHET.

Ah ! Dieu !... si c'était moi... ça irait tout seul.

BONIN.

Mais, votre femme, elle a des raisons ?

M. BLANCHET.

Dame !... elle trouve que Juliette n'est pas assez riche... elle veut pour son fils de la fortune...

BONIN.

De la fortune ?... rien que ça !... beau moyen d'être heureux !... Ça m'a joliment réussi, et à vous aussi, monsieur Blanchet !...

M. BLANCHET.

A moi !... permettez...

BONIN.

Nous en causerons... Allez, mademoiselle, essuyez vos larmes ; et vous, Victor, mon cher Victor !... allez renvoyer la voiture.

VICTOR, allant à Bonin *.

Ah ! monsieur... comment vous exprimer le bonheur... la reconnaissance...! Mais qui êtes-vous donc ?...

BONIN.

Je suis... je suis... Moiroud et compagnie, de Marseille, (prenant la main à Victor.) et votre ami, jeune homme... si vous le voulez bien...

VICTOR.

Ah ! monsieur !...

BONIN.

Tenez, embrassons-nous.

VICTOR.

Ah ! de tout mon cœur !...

(Ils s'embrassent.)

AIR : J'ai vu le Parnasse des dames.

Je vais renvoyer la voiture ;
Oh ! maintenant je suis heureux.

JULIETTE.

Oui, votre bonté nous rassure.

BONIN.

Allez, je ferai pour le mieux !...

VICTOR.

Nous réussirons, je l'espère ;
Rien ne saurait plus m'effrayer,
Ah ! vous êtes mon second père !

BONIN, à part.

J'aime mieux être le premier.

VICTOR, à Juliette.

Viens, Juliette, viens...

(Ils sortent par le fond.)

* M. Blanchet. Bonin. Victor, Juliette.

SCÈNE XI.

M. BLANCHET, BONIN.

M. BLANCHET.

Nous réussirons... Et ma femme donc!...

BONIN.

Votre femme est seule de son côté... vous êtes, de l'autre, avec nous... Du cœur, morbleu!... Il faut enlever ce mariage-là à la baïonnette!

M. BLANCHET.

Impossible!... Ah! bien oui!... elle m'a déclaré plus de vingt fois... qu'elle n'y consentirait jamais.

BONIN.

Mais si vous le voulez?...

M. BLANCHET.

Je vois bien que vous ne connaissez pas ma femme...

BONIN.

Si fait... (Se reprenant.) Elle est comme la mienne... qui était bien un peu plus mince, un peu plus jeune, un peu plus... mais, au fond... c'était la même chose... le même caractère...

M. BLANCHET.

Je ne crois pas...

BONIN.

Peut-être plus mauvais encore...

M. BLANCHET.

Oh! non, monsieur...

BONIN.

Si fait!... Quand elle était en train, voyez-vous, rien n'aurait pu la calmer. Je crus d'abord qu'en lui cédant, je gagnerais quelque chose...

M. BLANCHET.

C'est comme moi!...

BONIN.

Eh! pas du tout; elle criait toute seule... elle criait plus fort encore; elle s'animait elle-même, elle s'échauffait, et, furieuse de ne pas rencontrer de contradiction...

M. BLANCHET.

Elle se contredisait elle-même... C'est étonnant comme ça se ressemble!...

BONIN.

N'est-ce pas?... Mais quand j'eus pris mon parti... je résolus d'avoir comme elle une volonté...

M. BLANCHET.

Et moi aussi, j'y ai bien pensé... mais ça n'a pas eu de suite... et, quand l'orage commmence, je mets mon chapeau, et je m'en vais...

BONIN.

Moi, au contraire, je me sentais en verve : ça me donnait du ressort...

M. BLANCHET.

Moi, ça me casse les bras...

BONIN.

Nous avions des cris, des spasmes, des vapeurs...

M. BLANCHET.

Comme chez nous, au commencement...

BONIN.

En vérité!

AIR des Scythes.

(A part.)

Il paraîtrait qu'elle tient au système.

(Haut.)

Eh bien! j'ai fait cesser tout ce train-là...

M. BLANCHET.

Qui? vous, monsieur?

BONIN.

Eh! oui, morbleu! moi-même,
En quelques jours.

M. BLANCHET.

Bien!... Expliquez-moi ça,
J'en userai; vite, expliquez-moi ça.

BONIN.

C'est un moyen d'avoir de l'harmonie,
Tout naturel, tout simple...

M. BLANCHET.

Mais encor;
Car, voyez-vous, quand une femme crie,
Il faut se taire.

BONIN.

Il faut crier plus fort;
Eh! oui, mon cher, quand une femme crie,
Il faut crier, il faut crier plus fort.

M. BLANCHET.

Crier plus fort, crier plus fort... ça ne se peut pas.

BONIN.

C'est ce qui vous trompe. J'ai fini par prendre le dessus. Ma femme avait un fausset assez aigu ; moi, j'ai une haute-contre assez ferme... Elle criait, je montais toujours, si bien que j'y ai gagné un enrouement qui dure encore. Les pleurs, les convulsions, les attaques de nerfs, rien ne m'arrêtait... La seconde scène fut moins violente; la troisième, une plaisanterie... enfin, au bout de quelques jours, ma femme était douce comme un agneau; et, sans le divorce qui vint mettre un terme à notre bonheur, je serais maintenant le mari le plus paisible, l'autocrate le mieux obéi de tous les ménages de France et de Navarre.

M. BLANCHET.

De sorte que si vous étiez à ma place?...

BONIN.

Ce serait absolument comme si j'étais à la mienne. Je voudrais être un homme... commander chez moi; faire le bonheur de ma famille, de mes enfants...

M. BLANCHET.

Vous me montez la tête... vous me donnez du cœur; et, ma foi, si c'était possible...

BONIN.

Quand vous le voudrez...

M. BLANCHET.

Eh bien !... je le veux !... Au fait, qu'est-ce que je risque d'essayer ?

BONIN.

Oui ; pour une fois... Une scène de plus ou de moins, vous n'y regardez pas de si près ?...

M. BLANCHET.

Parbleu !... ça m'est égal... Nous verrons...

BONIN.

C'est cela ! tenez ferme : criez, ordonnez, ne craignez rien...

M. BLANCHET.

Oui, oui... pourvu que ça ne dure pas trop long-temps.

BONIN.

Allez toujours, vous réussirez... J'ai étudié la femme en général, et la nôtre... (se reprenant.) la vôtre en particulier... Croyez-en mes conseils et mon expérience... Je suis votre ancien...

M. BLANCHET.

Merci... merci...

BONIN.

Que diable ! vous aimez votre nièce, ce bon M. Victor ?

M. BLANCHET.

Sans doute... excellent jeune homme ! je suis en train de payer ses dettes.

BONIN.

C'est bien... le ciel vous en tiendra compte... (On entend madame Blanchet, qui parle dans l'intérieur.) Eh ! mais, j'entends madame Blanchet.

M. BLANCHET.

Ma femme !...

BONIN.

Elle doit être furieuse...

M. BLANCHET.

Diable !... vraiment...

BONIN.

Du courage !

M. BLANCHET.

Oui... oui... Ça me fait un drôle d'effet.

BONIN.

Exigez que Juliette reste, que Victor l'épouse, qu'on vous obéisse... soyez homme enfin ! La voici... J'ai un compte à faire, et je vais dans votre cabinet attendre la fin de la conférence.

(Il sort par la gauche.)

M. BLANCHET.

Eh bien... il me laisse !...

SCÈNE XII.

Mᵐᵉ BLANCHET, M. BLANCHET.

MADAME BLANCHET, entrant par le fond.

Renvoyer la voiture !... et par quel ordre, pourquoi ?.. Ah ! M. Blanchet.

M. BLANCHET.

Oui, c'est moi, bonne amie... (A part.) Ferme... allons.

MADAME BLANCHET.

Me direz-vous ce que cela signifie ?... qui est-ce qui s'est permis ?...

M. BLANCHET.

De dire au cocher de s'en aller ?...

MADAME BLANCHET.

C'est moi qui l'avais fait venir.

M. BLANCHET.

C'est moi qui l'ai fait...

MADAME BLANCHET.

Comment !... c'est vous ? vous !...

M. BLANCHET, à part.

Je n'ose pas la regarder... je suis sûr qu'elle est pourpre.

MADAME BLANCHET.

Répondez, monsieur... pour quelle raison, quand je me disposais à partir ?... C'est donc une mauvaise plaisanterie que vous avez voulu me faire ; un mauvais tour que vous m'avez joué ?

M. BLANCHET.

C'est une idée que j'ai eue.

MADAME BLANCHET.

Une idée ! vous, Blanchet !... et où l'avez-vous prise ? qui vous l'a donnée ?... Mais répondez donc.

M. BLANCHET, à part.

La voilà partie.

MADAME BLANCHET.

Eh bien ?... eh bien ?...

M. BLANCHET.

Eh bien, ma bonne, il m'a semblé que puisqu'on ne va pas à Saint-Denis...

MADAME BLANCHET, élevant la voix.

On ne va pas à Saint-Denis !... Juliette...

M. BLANCHET, de même.

Assurément non !... (A part.) Est-ce qu'il ne viendra pas quelqu'un ?

MADAME BLANCHET, très haut.

Non !... non !... vous avez dit non !... et si je le veux ?...

M. BLANCHET, de même.

Et si je ne le veux pas ? (A part, et d'un ton résolu.) Allons donc.

MADAME BLANCHET.

Vous ne le voulez pas !... Blanchet, ce n'est pas toi qui parles... on t'a monté la tête.

M. BLANCHET.

Est-ce que je ne peux pas avoir une volonté de moi-même, et sans effort ?

MADAME BLANCHET, montant toujours.

Et bien, non, vous n'en aurez pas... Juliette partira.

M. BLANCHET, du même ton.

Juliette ne partira pas.

MADAME BLANCHET, avec éclat.

Je l'exige !

M. BLANCHET, de même.

Je le défends... (A part.) Ça va... ça va !

MADAME BLANCHET.

Vous le défendez!... je ne sais qui me retient...

M. BLANCHET, à part.

Elle va se porter à quelque extrémité.

MADAME BLANCHET.

Homme aveugle, imprudent, immoral, vous ne voyez pas que son amour la perdra ?

M. BLANCHET.

Si Victor l'épouse ?...

MADAME BLANCHET.

Il ne l'épousera pas.

M. BLANCHET.

Il l'épousera.

MADAME BLANCHET.

Il ne l'épousera pas... ou nous verrons.

M. BLANCHET.

Il l'épousera... ou le diable m'emporte.) A part.) Oh ! j'ai juré...

MADAME BLANCHET, furieuse.

Non, tant que j'existerai... C'est mon fils... je suis la maîtresse...

M. BLANCHET, criant plus fort.

Et je suis le maître *.

(Il parcourt l'appartement en frappant sur les meubles, en bousculant les fauteuils, et vient se placer à droite du théâtre où il prend une attitude fière et imposante.)

MADAME BLANCHET, le regardant.

Vous le maître !... C'est la première fois que vous osez... que... Ah! mon Dieu !

M. BLANCHET, à part

Elle baisse... elle baisse...

MADAME BLANCHET.

Ah !... les nerfs... la tête...

M. BLANCHET.

Eh bien !... elle se trouve mal.

MADAME BLANCHET, pleurant.

Me parler ainsi... me traiter avec cette rigueur !...

M. BLANCHET.

Bon !... voilà qu'elle pleure à présent.

MADAME BLANCHET, se laissant aller dans un fauteuil, à gauche.

Je me meurs...

M. BLANCHET, hors de lui.

Aménaïde!

MADAME BLANCHET, d'une voix étouffée.

N'approchez pas... allez... vous m'avez tuée... Ah !

M. BLANCHET, la secouant.

Aménaïde !... reviens à toi, je t'en prie... Eh bien, non, non, je ne serai pas le maître... je n'exigerai plus... (Elle a comme un hoquet.) O ciel ! elle étouffe... Ma femme !... si je pouvais la délacer...

MADAME BLANCHET, revenant à elle.

Alfred !... ah !... Alfred !... (Elle fond en larmes ; il la soutient dans ses bras.) tu m'as fait bien mal !...

* M. Blanchet. madame Blanchet.

M. BLANCHET, s'essuyant les yeux.

Oui... oui... j'ai été trop loin... Pardonnemoi, et tiens-toi droite... Je n'en puis plus.

MADAME BLANCHET.

Ce n'est pas toi que j'accuse... oh! non, Alfred... Tu n'es pas méchant, toi ; et sans de perfides insinuations... (A part.) C'est lui, le monstre ! (Elle se lève.)

M. BLANCHET.

Oh! je t'assure... Ce que je desire, c'est que tout le monde soit heureux... à commencer par ces deux enfants.

MADAME BLANCHET.

Ces enfants !... mais c'est leur bonheur que je veux... Je suis bonne mère, tu le sais, et mon fils est ce qui m'est le plus cher au monde, après toi.

M. BLANCHET.

Je te crois, ma chérie ; mais alors ce mariage...

MADAME BLANCHET, reprenant peu à peu le dessus.

Ce mariage ne se peut pas ; j'en ai un autre en vue pour Victor... mademoiselle de Tercin, qui est riche... très riche.

M. BLANCHET.

Mais...

MADAME BLANCHET, sèchement.

C'est décidé.

M. BLANCHET.

Ah !... à la bonne heure... Puisque tu as des raisons, il fallait donc le dire... Quant à ma nièce...

MADAME BLANCHET.

C'est en attendant que je l'établisse qu'elle retournera en pension.

M. BLANCHET.

Tu y tiens ?...

MADAME BLANCHET.

Il le faut.

M. BLANCHET.

Bien !... bien !... si c'est en attendant que tu l'établisses, parbleu ! Cependant...

MADAME BLANCHET.

Que voulez-vous ?... allez - vous encore me faire du chagrin ?... Ah !... j'ai des palpitations.

M. BLANCHET.

Non, non... tu fais bien... tu fais bien...

MADAME BLANCHET.

Il y a des gens de mauvais conseil que tu ne dois plus voir... et, toute réflexion faite, c'est toi qui reconduiras ta nièce. (A part.) Il ne le verra plus...

M. BLANCHET.

Comment, tu veux ?...

MADAME BLANCHET, avec abandon.

Je veux que tu sois le maître, toujours le maître. Je t'obéirai toujours, comme à présent... Je veux que notre ménage soit un vrai paradis dont aucun méchant ne puisse troubler le bonheur. Oui, mon fils se mariera, puisque tu le veux ; Juliette sera établie, puisque tu le desires...

M. BLANCHET, à part.

Au fait, c'est à-peu-près ce que je voulais.

MADAME BLANCHET.

Embrasse-moi, mon Alfred ; et sur-tout pas de rancune.

M. BLANCHET.

Plus de rancune... Mais ce départ ?

MADAME BLANCHET.

Le temps d'avoir une voiture... Adieu.

(Elle va pour sortir par la droite.)

M. BLANCHET.

Cependant j'aurais voulu...

MADAME BLANCHET.

Ah ! les nerfs...

(Blanchet la conduit jusqu'à la porte de l'appartement.)

M. BLANCHET.

Prends un peu de tilleul... (elle sort ; Blanchet la suit des yeux.) avec une feuille d'oranger.

SCÈNE XIII.

M. BLANCHET, BONIN ; VICTOR, dans le fond.

BONIN, allant à Blanchet, qui regarde partir sa femme, et lui frappant sur l'épaule.

Eh bien ?...

M. BLANCHET.

Eh bien !...

(Victor entre et s'approche en écoutant.)

BONIN.

La séance ?...

M. BLANCHET.

Elle a été chaude, j'en suis encore tout tremblant... J'ai parlé, j'ai crié. Ah ! ah ! je me suis montré...

BONIN.

A merveille !...

M. BLANCHET.

Victor se mariera...

VICTOR, s'élançant [*].

Moi ! il se pourrait !...

M. BLANCHET.

Oui, un beau parti.... mademoiselle de Tercin.

VICTOR.

Qu'est-ce que vous dites là ?

BONIN.

Et votre nièce ?

M. BLANCHET.

On l'établira à son retour de Saint-Denis.

VICTOR.

Comment, à son retour !... mais elle y va donc ?

M. BLANCHET.

Pour quelques jours... c'est une transaction.

BONIN.

Et voilà ce que vous avez obtenu ?

[*] Victor, M. Blanchet, Bonin.

VICTOR.

Comment ! mon père...

M. BLANCHET.

Oh ! ma foi, si vous n'êtes pas contents, allez-vous-en au diable... Si vous croyez que c'est commode, une femme qui se trouve mal, qui pleure, qui sanglote, qui a des nerfs...

BONIN.

Je comprends... (A part.) Une bonne pâte de mari !

VICTOR, à M. Blanchet.

Oh ! vous la reverrez... vous lui direz...

M. BLANCHET.

Rien du tout... j'en ai assez comme ça.

VICTOR.

Vous voulez donc que je sois malheureux ?

BONIN.

Eh ! non !... Allons, je vois bien qu'il faut que je m'en mêle...

VICTOR.

Vous !

M. BLANCHET.

Vous voulez ?...

BONIN.

Avec votre permission... Donnez - moi vos pouvoirs.

M. BLANCHET.

Je ne demande pas mieux...

BONIN.

Je verrai notre... (se reprenant.) votre femme... je lui parlerai raison...

M. BLANCHET.

Elle a les nerfs agacés... et je crains...

BONIN.

Oh! j'en ai vu bien d'autres. D'ailleurs qu'est-ce que vous risquez ?... je vous laisse le beau rôle, je prends le mauvais ; c'est moi qui ferai la guerre, c'est vous qui nécessairement ferez la paix...

M. BLANCHET.

C'est encore vrai.

BONIN.

Mais, pendant que je vais m'occuper de votre ménage comme du mien, faites-moi le plaisir de vous charger aussi de mes affaires... Tenez, je devais aller au Trésor pour y déposer cette somme.

M. BLANCHET.

Au nom de ?...

BONIN.

Parbleu ! au mien, c'est-à-dire : Moiroud et compagnie, de Marseille.

M. BLANCHET.

J'y vais... j'aime mieux ça...

AIR : Venez, mon père.

Je n'en puis plus... l'air me fera du bien...
    Je vais au Trésor...

BONIN.

    Moi, je reste...
Rassurez-vous... je me charge du reste.

M. BLANCHET.

Ça m'est égal... moi, je n'entendrai rien .
(A Victor.)

Mon cher enfant... j'ai fait ce que j'ai pu...

VICTOR.

Je n'ai plus d'espoir...

BONIN, passant entre Victor et M. Blanchet.

Du courage!...

(A part.)

Ferme... morbleu ! me voilà revenu...
Aux beaux jours de notre ménage !...

ENSEMBLE.

M. BLANCHET.

Je n'en puis plus... l'air me fera du bien ;
La guerre vous sera funeste.
Comptez sur moi ; vous, chargez-vous du reste,
Ça m'est égal, je n'en entendrai rien.

BONIN.

Allez, mon cher, l'air vous fera du bien ;
Pour parler raison, moi, je reste.
Rassurez-vous, je me charge du reste,
Sans qu'avec nous vous y soyez pour rien.

VICTOR.

Tout est perdu pour moi, je le vois bien .
L'entretien me sera funeste ;
Un étranger !... Je la connais de reste,
Ma mère ici ne cédera sur rien.

(Blanchet sort.)

SCÈNE XIV.

VICTOR, BONIN.

BONIN.

Allons !... me voilà comme chez moi... j'ai
mes coudées franches, et nous allons voir.

VICTOR.

Ah ! monsieur... vous aurez beau faire, vous
n'obtiendrez rien...

BONIN.

Peut-être, mon jeune ami...

VICTOR.

Elle ne donnera jamais son consentement à
ce mariage.

BONIN.

Eh ! mais, il me semble que ce consentement-
là n'avancerait pas beaucoup vos affaires.

VICTOR.

Que voulez-vous dire ?

BONIN.

Qu'il y en a un autre à obtenir.

VICTOR.

Je ne vous comprends pas...

BONIN.

Bah !... j'en suis fâché pour vous... et pour lui.

VICTOR.

Qui, lui ?...

BONIN.

Vous ne comprenez pas , vous , monsieur le
légiste , que le consentement de votre père ..?

VICTOR.

Mon père!... il n'existe plus...

BONIN.

Si fait!...

VICTOR.

Vous croyez?...

BONIN.

J'en suis sûr... ou je me tromperais fort...

VICTOR.

D'ailleurs... je ne le connais pas... je ne lui
dois rien...

BONIN.

Ah! jeune homme! c'est mal... ce que vous
dites là...

VICTOR.

Il a rendu ma mère malheureuse... il l'a
abandonnée, et jamais la moindre bonté...

BONIN.

Allons, allons.. là-dessus il y aurait plus
d'une réponse à vous faire...

VICTOR.

On lui donne bien des torts...

BONIN.

Soit... mais il ne les accepte pas tous.... Dans
un ménage , voyez-vous... tous les torts ne sont
pas toujours du même côté.

AIR : Aux temps heureux de la chevalerie.

Et puis un fils, de ces torts est-il juge ?
Dans ces débats a-t-il donc un avis ?
Ah ! croyez-moi, son cœur est un refuge
Où ses parents doivent rester unis.
De ses devoirs, non, rien ne le dispense !
Et pour son père... son ami,
C'est mal... bien mal de manquer d'indulgence,
Lorsque son père en aurait tant pour lui !

(Victor baisse les yeux. — Bonin continue.)

Et puis, voyons, n'y a-t-il pas là quelque chose
qui vous dit : C'est ton père qui fut le plus malheureux des deux... puisqu'il a dû cesser de te
voir?...

VICTOR , ému.

Monsieur...

BONIN.

Et savez-vous, jeune homme, si, en quittant
la France pour chercher fortune ailleurs, ce n'é-
tait pas vous qui lui donniez du courage ; vous
qu'il regrettait seul peut-être ?...

VICTOR.

Sans doute... je ne dis pas... mon père!...
Ah ! vous ouvrez mon cœur à un sentiment qu'il
n'avait pas éprouvé...

BONIN.

Ce n'est pas votre faute, je le vois ; et maintenant que Bonin est revenu en France...

VICTOR.

En France !...

BONIN.

Oui, à Marseille ; je l'ai vu....

VICTOR.

Ah !... il est en France... et je n'en savais
rien !... il ne demande pas à me revoir !...

BONIN.

Qu'en savez-vous?... comment voulez-vous qu'il vous retrouve, vous, monsieur Bonin, qui avez changé ce nom-là, le nom de votre père... d'un honnête homme, morbleu!... contre celui d'un étranger!...

VICTOR, essuyant des larmes.

Oui... j'ai eu tort!... je le sens pour la première fois.

BONIN.

Bien!... bien!... vous êtes un brave garçon, et votre père fera quelque chose de vous... lorsque vous le connaîtrez, que les circonstances, les convenances de temps, de lieu, permettront... En attendant, demandez-lui son consentement à votre mariage... (Il va à la table.) Tenez, une plume, du papier, écrivez...

VICTOR.

Une lettre!...

BONIN.

Dame!... pour avoir la réponse... Mettez-vous là...

(Lui montrant la table.)

VICTOR va s'asseoir à la table.

Volontiers...

BONIN, debout auprès de la table, à la gauche de Victor.

Voyons un peu...

VICTOR écrit.

« Monsieur... »

BONIN.

Monsieur... ah!... c'est bien sec!...

VICTOR.

« Mon père... »

BONIN.

C'est mieux... mais il y aurait encore...

VICTOR.

« Mon cher père... »

BONIN.

Bien!... bien...

VICTOR.

« J'apprends que vous êtes en France... »

BONIN.

J'apprends... sans plaisir?

VICTOR.

Si fait!... (Écrivant.) « J'apprends avec joie « que vous êtes en France... envoyez-moi, je « vous prie, votre consentement dont j'ai besoin « pour...

BONIN, l'arrêtant.

Oh!... oh!... ce n'est pas ainsi qu'on écrit à son père... à un père qui vous aime... car il vous aime, il me l'a dit.

VICTOR.

C'est juste, vous avez raison... que voulez-vous?... je n'ai pas encore l'habitude...

BONIN, à part, pendant que Victor écrit.

J'ai de la peine... mais je crois que j'en viendrai à bout... (Se rapprochant de Victor.) Eh bien!... nous disons... (Victor lui présente la lettre qu'il vient d'écrire; Bonin la prend, et la lit.) « Mon cher « père... j'apprends avec joie que vous êtes en « France, et avant peu je pourrai vous presser « dans mes bras... et vous appeler de ce nom de « père, si doux et si nouveau pour moi...» (S'interrompant, avec émotion.) Pas mal!... pas mal!... (Lisant.) « En attendant ce jour, qui sera le plus « beau de ma vie... je dois vous apprendre que « le bonheur s'offre à moi sous les traits d'une « jeune fille que j'adore... et avec qui je vous « prie en grâce de permettre mon mariage... « pour que nous soyons deux à vous aimer, à « vous bénir... »

(Il cache ses larmes.)

VICTOR, très ému.

Croyez-vous qu'il soit content?...

BONIN, se contraignant.

Diable!... il serait bien difficile!... Et vous pensez tout cela?...

VICTOR.

Oh! oui, monsieur... du fond du cœur.

BONIN, dans l'excès de la joie.

Victor... mon jeune ami... Oh! ma foi!...

(Il est prêt à se jeter dans ses bras.—Juliette entre vivement.)

SCÈNE XV.

LES MÊMES, JULIETTE.

JULIETTE.

Victor!... Victor!... (Apercevant Bonin.) Ah!...

(Elle s'arrête.)

VICTOR [*].

Juliette!...

BONIN, à part.

Elle a bien fait de venir... j'allais faire du drame chez M. Blanchet...

VICTOR, se levant.

Qu'est-ce donc?... qu'as-tu?...

JULIETTE.

C'est que, sur l'ordre de ma tante, une seconde voiture vient d'arriver...

VICTOR.

Ah! monsieur!...

BONIN.

Il faut la renvoyer encore.

JULIETTE.

Celle-là aussi?...

VICTOR.

Mais elle en fera venir une troisième.

BONIN.

Eh bien! nous la renverrons toujours.

VICTOR.

C'est ça!... c'est ça!...

JULIETTE.

Ma tante m'a fait appeler...

BONIN.

Et je l'attends de pied ferme!... (A Victor.)

____
[*] Victor, Juliette, Bonin.

Eh! vite! asseyez-vous là... Votre lettre... l'adresse...

VICTOR.

Oui, monsieur...

(Il se remet à table, et écrit l'adresse.)

BONIN, dictant.

« M. Bonin, maison Moiroud et compagnie, « à Marseille. »

VICTOR.

Voilà.

BONIN.

Bien!... Mettez cela à la poste... tout de suite... entendez-vous?..

VICTOR.

Oui, j'y cours.

BONIN.

Et renvoyez la voiture.

VICTOR.

Soyez tranquille.

(Il sort en courant.)

SCÈNE XVI.

BONIN, JULIETTE.

BONIN, retenant Juliette.

Restez, mon enfant... Vous serez tous heureux, ou j'y perdrai mon nom...

JULIETTE.

Monsieur...

MADAME BLANCHET, en dehors.

Blanchet?... Blanchet?...

JULIETTE.

Ma tante!...

BONIN, s'asseyant, et écrivant.

N'ayez pas peur... Vous allez me rendre un service?

JULIETTE.

Moi, monsieur?... avec plaisir.

BONIN.

Cette lettre... soyez tranquille, je tiendrai ma promesse... Victor sera votre mari.

JULIETTE.

Bien vrai?...

BONIN.

Je vous en réponds... Et moi, m'aimerez-vous un peu?...

JULIETTE.

Oh! oui... je crois que ça commence.

SCÈNE XVII.

LES MÊMES, Mme BLANCHET*.

MADAME BLANCHET, entrant.

Mon mari?... mon mari?...

BONIN, finissant d'écrire.

Voilà!...

* Bonin, madame Blanchet, Juliette.

MADAME BLANCHET.

Monsieur!... Et vous, mademoiselle, que faites-vous ici?...

BONIN, pliant sa lettre.

C'est moi qui l'ai retenue.

MADAME BLANCHET.

Allez!... la voiture est en bas...

BONIN, se levant.

Elle n'y est plus... je l'ai renvoyée.

MADAME BLANCHET.

Que veut dire...?

BONIN, se levant.

Je vais vous l'apprendre... (A Juliette.) Tenez, ma petite amie... A propos, j'oubliais...

(Il lui parle bas.)

JULIETTE, prenant la lettre qu'il lui remet.

Comment!... vous voulez?...

MADAME BLANCHET.

Qu'est-ce que c'est?...

BONIN.

Ça nous regarde... (A Juliette.) Tout de suite.

JULIETTE.

Oh! oui, monsieur... (A part.) Je n'y comprends rien... mais c'est égal... il a l'air d'un bien honnête homme.

(Elle sort.)

SCÈNE XVIII.

Mme BLANCHET, BONIN.

BONIN.

A nous deux maintenant.

MADAME BLANCHET.

Plait-il, monsieur?... C'est mon mari que je cherche...

BONIN.

Votre mari!... M. Blanchet?...

MADAME BLANCHET.

Je n'en ai qu'un.

BONIN.

Je l'ai envoyé en course.

MADAME BLANCHET.

En course!... Comment! monsieur, vous avez l'audace de me dire...?

BONIN.

Permettez... il est à mes affaires... je suis aux siennes... Il m'a donné ses pouvoirs...

MADAME BLANCHET.

Ses pouvoirs!... ah! grand Dieu!... et pourquoi?...

BONIN.

Rassurez-vous... J'ai commencé par renvoyer la voiture... et j'espère...

MADAME BLANCHET, l'interrompant.

Je le vois... vous venez jeter le trouble dans mon ménage... me gâter mon mari...

BONIN.

Moi! O le pauvre cher homme!... il n'y a pas de danger.

MADAME BLANCHET.

Mais c'est indigne!... c'est infâme!... abuser

de ma patience, de ma bonté... Tenez, si je n'écoutais que ma colère, je ne sais pas ce que je vous ferais...

BONIN, avec beaucoup de calme.

Allez, allez toujours... Je vous permets tout... jusqu'au soufflet... exclusivement...

MADAME BLANCHET.

Vous en mériteriez cent... Ah ! vous voulez profiter de ma malheureuse position pour m'arracher un consentement, une faiblesse !... Eh bien ! non !... vous n'en êtes pas où vous croyez...

BONIN, de même.

Ne criez donc pas tant, chère amie... vous savez bien que je crie plus fort que vous...

MADAME BLANCHET.

C'est ce que nous verrons.

BONIN.

Ça nous fait mal à tous les deux.

MADAME BLANCHET, criant.

Monsieur !... monsieur !...

BONIN, fredonnant.

« Femmes, voulez-vous éprouver... »

MADAME BLANCHET, pleurant.

Ah ! j'en mourrai !... Si vous êtes venu pour me tuer... soyez content !

BONIN.

Des larmes !... c'est du bien perdu... Il faut garder ça pour M. Blanchet.

MADAME BLANCHET.

Oh !... laissez-moi... allez-vous-en... Je ne me soutiens plus... mes forces...

BONIN.

Vous voulez vous asseoir ?...

MADAME BLANCHET.

J'ai le cœur serré... je vais m'évanouir.

BONIN.

Vous évanouir !... rappelez-vous donc que ça ne me fait rien, à moi... au contraire.

MADAME BLANCHET, effrayée, et avec explosion.

Ah !... vous avez toujours été un monstre !...

BONIN.

Maintenant que vous voilà plus calme...

MADAME BLANCHET, furieuse.

Plus calme !... moi !.. plus calme !...

AIR du vaudeville de Philibert marié.

Ce qui m'irrite encore davantage,
C'est votre sang-froid inhumain...
Vous m'écoutez sans changer de visage...

BONIN, riant.

Je suis un roc que la mer bat en vain...

MADAME BLANCHET.

Et vous riez !...

BONIN, éclatant.

Oui, de toute mon ame;
Sans rire, je ne puis penser...
A ces pauvres maris, madame...
Qui ne peuvent plus divorcer !...

MADAME BLANCHET.

Tant pis !... tant pis !...

BONIN.

D'accord !... Mais causons froidement... Victor aime sa cousine, il veut l'épouser...

MADAME BLANCHET, sèchement.

Il est trop jeune...

BONIN.

J'avais son âge quand je vous épousai, et il vaut mieux que moi...

MADAME BLANCHET.

Lui ! pas du tout, je vous assure.

BONIN.

Bah !... en ce cas... je vous conseille de la lui donner.... car il la prendra... Moi, je vous aurais enlevée, vous le savez bien...

MADAME BLANCHET.

Ah !... ne me parlez pas de ça.

BONIN.

D'autant que la jeune fille en est fort éprise, comme vous l'étiez de moi...

MADAME BLANCHET.

Taisez-vous... Elle ne convient pas à Victor... j'ai de l'ambition pour lui... je veille à son avenir... Une fille sans fortune...

BONIN.

Bah !... ils auront la vôtre... celle de ce bon M. Blanchet... la mienne, enfin.

MADAME BLANCHET.

Vous l'avez mangée deux fois...

BONIN.

Une fois avec vous... car nous avons fait des folies, Aménaïde... Aujourd'hui je suis riche, et tout sera pour lui... à moins que vous ne me forciez à me remarier, et que d'autres héritiers...

MADAME BLANCHET.

Vous !...

BONIN.

Eh !... eh !... eh !...

MADAME BLANCHET.

Eh bien ! monsieur, nous en courrons le risque... car ce mariage ne se fera pas... je ne veux pas qu'il se fasse...

BONIN.

Il se fera !...

MADAME BLANCHET.

Il faut mon consentement... comme le vôtre... et je le refuse...

BONIN.

On pourrait s'en passer, mais vous le donnerez...

MADAME BLANCHET.

Jamais... ne fût-ce que pour vous faire enrager !...

BONIN.

Mais alors nous allons avoir ici... en présence de tout le monde, la reconnaissance la plus pathétique.

MADAME BLANCHET.

Non, monsieur, non... vous ne vous permettrez pas...

BONIN.

Et cet honorable M. Blanchet, qui me croit mort, qui ne se doute pas que le n° 1 est à Paris, chez lui près de sa femme... je l'attends, je me nomme.

MADAME BLANCHET.

Du scandale !... Monsieur, si vous aviez l'audace...

BONIN.

Alors j'emmène Victor.

MADAME BLANCHET.

Victor !...

BONIN.

Je l'emmène... que diable ! chacun son tour... et une fois à Marseille où je le garde...

MADAME BLANCHET.

Vous le gardez !...

BONIN.

Nous vous ferons, s'il le faut, les sommations respectueuses.

MADAME BLANCHET.

Mon fils ! monsieur... oh ! vous voulez donc me faire mourir ?

SCÈNE XIX.

LES MÊMES, VICTOR, JULIETTE*.

VICTOR, une lettre à la main.

Ma mère !... ma mère !... (A Bonin.) Ah ! monsieur... cette lettre...

BONIN.

D'abord, mon cher ami, remerciez votre mère qui consent à votre mariage avec mademoiselle Juliette.

VICTOR.

Il se pourrait !...

JULIETTE.

Ma tante...

MADAME BLANCHET.

Mais je n'ai pas dit cela...

VICTOR.

Oh !... ne troublez pas la joie... le plaisir que j'éprouve !... Cette lettre... voyez donc !... vous savez... j'ai écrit à mon père aujourd'hui... tout-à-l'heure... et je reçois sa réponse à l'instant...

BONIN, riant.

De Marseille !... déja !...

JULIETTE, s'approchant de Bonin.

Mais c'est vous...

(Bonin lui fait signe de se taire.)

MADAME BLANCHET.

Quelle folie !...

BONIN.

Eh ! non... ça fait honneur à la poste, et voilà tout...

VICTOR.

Vous riez, monsieur... vous savez donc...

*Madame Blanchet, Victor, Bonin, Juliette.

quel mystère... Il m'écrit qu'il m'aime... qu'il consent à mon bonheur... qu'il me donne cent mille francs en mariage... qu'il veut me voir...

MADAME BLANCHET.

Oui, oui... un petit voyage de quelques jours... à Marseille... où tu iras plus tard.

BONIN.

Non... à Paris.

VICTOR, le regardant avec intention.

A Paris !... il y est !... Ah ! mes soupçons... monsieur... vous si bon pour moi !...

MADAME BLANCHET.

Monsieur !...

BONIN, bas à madame Blanchet.

Dame ! vous refusez... (A Victor.) Mon fils !

VICTOR.

Mon père !

(Ils se jettent dans les bras l'un de l'autre. — M. Blanchet paraît.)

MADAME BLANCHET, les séparant.

Mon mari !

SCÈNE XX.

LES MÊMES, M. BLANCHET.

BONIN.

Eh !... arrivez donc... soyez témoin...

M. BLANCHET.

Est-ce fini ?...

MADAME BLANCHET, vivement.

Oui, monsieur... oui, je consens à tout... Juliette ne part pas... Victor est heureux... je les marie...

VICTOR.

Ma mère !...

(Il passe auprès de Juliette.)

JULIETTE.

Ah !... que je suis contente !...

BONIN.

Enfin !...

MADAME BLANCHET, regardant Bonin.

Et j'espère que chacun ici tiendra sa parole...

M. BLANCHET.

Ah ! bah !... c'est merveilleux !... pas possible... vous avez réussi ?...

BONIN.

Parbleu !... madame y a mis tant de raison... tant de douceur et de bonne grace !...

M. BLANCHET.

J'en étais sûr... (A part.) C'est étonnant... comme cet homme-là entend ma femme...

MADAME BLANCHET.

AIR de Téniers.

Il est huit heures... le jour baisse...

BONIN, à part.

Oh !... la morale... je comprends...

*Madame Blanchet, M. Blanchet, Bonin, Victor, Juliette.

(Haut.)
Voici la nuit , et je vous laisse...
(A Blanchet.)
Et vos pouvoirs, je vous les rends...
Non certes que je les dédaigne !...
Malheureux, après ce débat...
De voir ainsi finir mon règne,
Quand je voudrais qu'il commençât...
(Madame Blanchet, qu'il salue, lui fait une grande ré-
vérence.)

M. BLANCHET, lui serrant la main

C'est bien !... c'est bien !... c'est bien !... mais
partir sitôt... (Madame Blanchet le pousse.) Ah !...
voici vos papiers... désolé que vous ayez perdu
votre temps...

BONIN.
(Musique jusqu'à la fin.)
Mais non... (tendant la main à Victor et à Ju-

liette.) je ne le regrette pas... (Victor lui presse et
lui baise la main.) A demain... rue de la Paix.

M. BLANCHET.
J'irai... (bas.) prendre une leçon !... (haut.)
je demanderai monsieur...

BONIN.
Moiroud et compagnie, de Marseille...

MADAME BLANCHET, bas à M. Blanchet.
Vous n'irez pas...

BONIN, que les deux jeunes gens ont suivi jusqu'à la
porte du fond, embrassant Victor, et lui faisant signe de
se taire.
A demain !...

(Il sort. — Le rideau tombe.)

FIN DE MOIROUD ET COMPAGNIE.

PARIS. — IMPRIMERIE NORMALE DE JULES DIDOT L'AÎNÉ,
n° 4, boulevart d'Enfer.